Tecnología
olímpica

Tiempo transcurrido

John Lockyer

Créditos de publicación

Editora
Sara Johnson

Directora editorial
Emily R. Smith, M.A.Ed.

Editora en jefe
Sharon Coan, M.S.Ed.

Directora creativa
Lee Aucoin

Editora comercial
Rachelle Cracchiolo, M.S.Ed.

Créditos de imagen

Los autores y los editores desean agradecer y reconocer a quienes otorgaron su permiso para la reproducción de materiales protegidos por derechos de autor: portada Getty Images/Adrian Dennis reproducida con la autorización de Chris Hoy; pág. 1 Getty Images/Stu Forster; pág. 4 Getty Images/Romeo Gacad; pág. 5 Getty Images/Michael Steele; pág. 6 Getty Images/Frederic J. Brown; pág. 7 Getty Images; pág. 8 Comité Olímpico Internacional; pág. 9 (arriba) Getty Images/Paul Gilham; pág. 9 (centro) Getty Images/Chris McGrath; pág. 9 (abajo) Science Photo Library; pág. 10 Comité Olímpico Internacional; pág. 11 Getty Images/Carl de Souza; pág. 12 Getty Images; pág. 13 Getty Images/Romeo Gacad; pág. 13 (recuadro) Getty Images/Tobias Titz; pág. 14 Alamy; pág. 15 Getty Images/David Cannon; pág. 16 Getty Images; pág. 17 AAP Image; pág. 18 Getty Images; pág. 19 (arriba) Alamy; pág. 19 (abajo) Getty Images/Simon Bruty; pág. 20 Getty Images/Nat Farbman; pág. 21 Getty Images/Mark Dadswell; pág. 22 (arriba) Getty Images/George Marks; pág. 22 (abajo) Getty Images; pág. 23 Getty Images/Nicolas Asfouri; pág. 24 Getty Images/Al Bello; pág. 25 Getty Images/Julian Finney; pág. 26 (arriba) Photolibrary.com; pág. 26 (centro) Comité Olímpico Internacional; pág. 26 (abajo) Getty Images; pág. 27 (arriba) Getty Images/David Cannon; pág. 27 (abajo) Getty Images/Romeo Gacad; pág. 29 AAP Image/Anja Niedringhaus.

Si bien se ha hecho todo lo posible para buscar la fuente y reconocer el material protegido por derechos de autor, los editores ofrecen disculpas por cualquier incumplimiento accidental en los casos en que el derecho de autor haya sido imposible de encontrar. Estarán complacidos de llegar a un acuerdo adecuado con el legítimo propietario en cada caso.

Teacher Created Materials

5301 Oceanus Drive
Huntington Beach, CA 92649-1030
http://www.tcmpub.com
ISBN 978-1-4938-2933-0

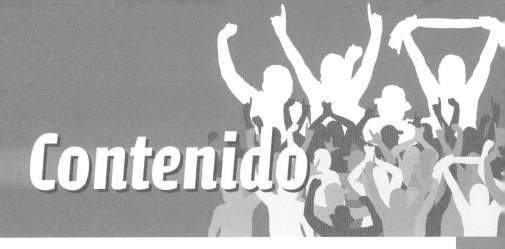

Contenido

Da lo mejor de ti

Los Juegos Olímpicos de verano tienen un **lema**: más alto, más rápido, más fuerte. Esto significa que todos los atletas olímpicos deben tratar de dar lo mejor de sí mismos.

Una mejor **tecnología** del deporte ayuda a los atletas a alcanzar sus objetivos. En la actualidad, saltan más alto, corren más rápido y hacen lanzamientos a mayor distancia que nunca antes.

Un atleta compite en los Juegos Olímpicos de Atenas del 2004

¿Qué es la tecnología?

Los atletas usan la tecnología para mejorar su desempeño con un mejor **equipamiento**. Cuando quieras mejorar algo, aprende todo acerca de ello y luego decide si puedes usar la tecnología para hacerlo mejor.

Los Juegos Olímpicos de verano de nuestros tiempos comenzaron en Grecia en 1896. Solo los hombres participaban en ellos. La primera prueba fue una carrera de velocidad de 100 metros. El mejor tiempo en la final fue de 12.0 segundos. Gracias a una mejor tecnología del deporte, 100 años más tarde el mejor tiempo fue de 9.84 segundos.

En el 2008, el corredor jamaiquino Usain Bolt estableció un nuevo récord olímpico y mundial en la carrera de velocidad de 100 metros masculina: 9.69 segundos.

EXPLOREMOS LAS MATEMÁTICAS

Los primeros Juegos Olímpicos modernos se realizaron en Atenas en 1896.

a. ¿Cuántos años han pasado desde las primeras olimpíadas modernas?

b. Describe la **estrategia** que usaste para resolver este problema.

Hay muchas cosas que los atletas hacen para desempeñarse y dar lo mejor de sí. Siguen una dieta saludable. Entrenan arduamente. El entrenamiento con un preparador también es muy importante.

Algunos atletas comienzan a entrenar cuando son muy jóvenes.

EXPLOREMOS LAS MATEMÁTICAS

Un atleta debe entrenar muchas horas al día para prepararse para los Juegos Olímpicos. Luca, un nadador, tiene que entrenar en la piscina durante 3 ½ horas por la mañana y 2 ¼ horas por la tarde. Si Luca comenzó a entrenar a las 5:20 a. m. y a las 3:40 p. m., ¿a qué hora terminará cada sesión?

5:20 a. m.

3:40 p. m.

La tecnología deportiva también ayuda a los atletas. En la actualidad, los atletas usan mejor ropa que los atletas del pasado. Los zapatos y el equipamiento han mejorado. Las **instalaciones** donde los atletas compiten son mejores. Y los instrumentos que se usan para medir los tiempos han cambiado.

Una corredora cruza la línea de llegada en los juegos de Roma, Italia, en 1960.

Scott Hollonbeck gana la medalla de plata en la carrera de silla de ruedas de 1,500 m.

Vestimenta

Trajes de baño

Los trajes de baño han cambiado mucho desde las olimpíadas de Atenas de 1896. En aquel entonces, los trajes de baño se hacían de lana. Esto los hacía muy pesados cuando estaban mojados. Los nadadores se hundían en el agua debido al peso.

Alfréd Hajos, 1896

Mejores tiempos: Antes y ahora

Juegos Olímpicos	Atleta	Prueba de natación	Mejor tiempo
Atenas 1896	Alfréd Hajos, Hungría	100 metros estilo libre	1 minuto 22 segundos
Pekín 2008	Alain Bernard, Francia	100 metros estilo libre	47.21 segundos

La tecnología ha mejorado los trajes de baño. En la actualidad, están fabricados con **telas** muy livianas. El agua fluye fácilmente sobre ellos y, por lo tanto, los nadadores no se retrasan en el agua.

Al igual que muchos nadadores en las olimpíadas de Pekín, Alain Bernard usó un traje de baño fabricado con una tela especial.

Nadar con piel de tiburón

Algunos trajes de baño olímpicos tienen diminutas **crestas** en "forma de V". Se asemejan a la piel de tiburón. Estas crestas ayudan a que el agua circule sobre el cuerpo del nadador sin retrasarlo.

Vestimenta para ciclistas

Los ciclistas de los Juegos Olímpicos de Atenas de 1896 usaban pantalones cortos de lana, pesados y holgados. Estos pantalones cortos atrapaban el viento y retrasaban a los ciclistas. En aquel entonces, los ciclistas no usaban cascos.

Paul Masson, 1896

Mejores tiempos: Antes y ahora

Juegos Olímpicos	Atleta	Prueba de ciclismo	Mejor tiempo
Atenas 1896	Paul Masson, Francia	Carrera de velocidad de 2,000 metros	4 minutos 58 segundos
Atenas 2004	Chris Hoy, Gran Bretaña	1 kilómetro contrarreloj	1 minuto

La tecnología ha mejorado la ropa que usan los ciclistas. En la actualidad, los ciclistas tienen prendas de una sola pieza especiales fabricadas con telas livianas. Son muy ajustadas. Esto ayuda a los ciclistas a andar más rápido que nunca antes.

Los cascos son livianos y curvos. El aire pasa fácilmente por encima de ellos sin retrasar a los ciclistas.

En los juegos del 2008, Chris Hoy ganó 3 medallas de oro.

EXPLOREMOS LAS MATEMÁTICAS

En 1896, un ciclista francés ganó la carrera de velocidad de 2,000 metros en 4 minutos y 58 segundos.

a. Si la carrera empezó a las 2:50 p. m., ¿a qué hora terminó?

b. Explica cómo resolviste este problema. Luego, explica otra manera de resolver este problema.

Zapatos

En los Juegos Olímpicos de Atenas de 1896, los atletas usaban zapatos para pista fabricados con cuero. Los zapatos tenían púas largas en la suela. Esto ayudaba al corredor a aferrarse a la pista. Pero estos zapatos se estiraban después de un tiempo. Se aflojaban. Era difícil para los atletas correr rápido con ellos.

La carrera olímpica de velocidad de 100 metros, 1896

Mejores tiempos: Antes y ahora

Juegos Olímpicos	Atleta	Prueba de atletismo	Mejor tiempo
Atenas 1896	Tom Burke, EE. UU.	Carrera de velocidad de 100 metros masculina	12 segundos
Seúl 1988	Florence Griffith Joyner, EE. UU.	Carrera de velocidad de 100 metros femenina	10.62 segundos

La tecnología ha mejorado los zapatos para pistas. En la actualidad, están fabricados con telas livianas. No se estiran. Tienen pequeñas púas en el frente. Los atletas no necesitan usar demasiada energía para levantar los pies. De esta manera, tienen más energía para correr rápido.

Florence Griffith Joyner, 1988, todavía mantiene el récord olímpico de tiempo en la carrera de velocidad de 100 metros femenina.

Bicicletas

Las primeras bicicletas estaban hechas de **acero**. Pesaban más de 45 libras (20.4 kg). Los manubrios eran altos. Las ruedas tenían rayos. Esto causaba mucha resistencia al viento. Los ciclistas olímpicos tenían que usar mucha energía para andar en estas pesadas bicicletas. No debería sorprendernos que fueran más lentos que los actuales ciclistas olímpicos.

Bicicletas de carrera usadas en el siglo xx

manubrios altos

las mismas ruedas delanteras y traseras

muchos rayos

La tecnología ha mejorado las bicicletas. En la actualidad, están hechas con materiales muy livianos. En los Juegos Olímpicos de Barcelona de 1992, el ciclista Chris Boardman manejó una "superbicicleta". Solo pesaba 17.6 libras (8 kg). Tenía manubrios bajos. La rueda delantera tenía solo 3 rayos y la rueda trasera no tenía ninguno. Con esta asombrosa bicicleta, Chris Boardman estableció nuevos récords en los Juegos Olímpicos. La tecnología sigue modificando las bicicletas en la actualidad.

Chris Boardman en la bicicleta de carreras que usó en los juegos de 1992

manubrio bajo

rueda trasera

rueda delantera de 3 rayos

EXPLOREMOS LAS MATEMÁTICAS

En los Juegos Olímpicos de Sídney del 2000, una carrera de ciclismo de montaña comenzó a la 1:00 p. m. El medallista de oro cruzó la línea de llegada a las 3:09:05 p. m. El medallista de bronce cruzó la línea de llegada 2 minutos y 16 segundos más tarde.

a. ¿Cuánto tiempo le tomó al medallista de oro completar el trayecto?

b. ¿A qué hora cruzó el medallista de bronce la línea de llegada?

Salto con pértiga

En el salto con pértiga, los atletas usan pértigas largas para saltar por encima de una barra situada a gran altura. Las primeras pértigas estaban hechas de **bambú**. Los atletas volaban alto por encima de la barra, para luego aterrizar sobre sus pies en una pila de aserrín.

Las pértigas de bambú se usaron por última vez en los Juegos Olímpicos de Londres de 1948.

Owen Guinn Smith, 1948

Mejores alturas: Antes y ahora

Juegos Olímpicos	Atleta	Prueba	Mejor altura
Londres 1948	Owen Guinn Smith, EE. UU.	Salto con pértiga masculino	4.3 metros
Pekín 2008	Yelena Isinbaeva, Rusia	Salto con pértiga femenino	5.05 metros

En la actualidad, las pértigas son livianas pero fuertes. Están hechas de **fibra de vidrio** o **fibra de carbono**. Se flexionan adecuadamente. Esto ayuda a los atletas a saltar más alto que antes. Además, en la actualidad los atletas tienen un aterrizaje más suave. Aterrizan sobre una colchoneta gruesa de espuma.

Yelena Isinbaeva, 2008

EXPLOREMOS LAS MATEMÁTICAS

Una competencia de salto con pértiga terminó a las 3:40 p. m. Toda la competencia duró 1 hora y 15 minutos.

a. ¿A qué hora comenzó la competencia?

b. Describe cómo resolviste este problema.

Superficies

Pista

En el pasado, los atletas corrían sobre pistas fabricadas con **cenizas** o piedra molida. Estas pistas eran irregulares. A veces, los corredores se resbalaban. En los Juegos Olímpicos de Berlín de 1936, un corredor estadounidense corrió la carrera de velocidad de 100 metros sobre una pista hecha de cenizas. Usó zapatos de cuero y pantalones cortos sueltos. Aún así, corrió en un tiempo sorprendente y ganó la medalla de oro.

El estadounidense Jesse Owens, ganador de la carrera de velocidad de 100 metros masculina de 1936

Mejores tiempos: Antes y ahora

Juegos Olímpicos	Atleta	Prueba de atletismo	Mejor tiempo
Berlín 1936	Jesse Owens, EE. UU.	Carrera de velocidad de 100 metros masculina	10.3 segundos
Pekín 2008	Usain Bolt, Jamaica	Carrera de velocidad de 100 metros masculina	9.69 segundos

La tecnología ha mejorado las pistas de atletismo. En los Juegos Olímpicos de la Ciudad de México de 1968, se usó una nueva pista por primera vez. Se le llamó *pista de tartán*. Estaba hecha de una goma especial. Esta pista nueva era suave y plana. Los atletas podían correr más rápido sin resbalar. Las pistas de tartán aún se usan en la actualidad.

Una pista de tartán

Usain Bolt, 2008

Hockey sobre césped

El hockey sobre césped se juega en muchos países del mundo. El hockey sobre césped se ha jugado en casi todos los Juegos Olímpicos desde 1908. Hasta principios de 1970, el hockey sobre césped se jugaba sobre el césped. El césped era irregular y retrasaba la pelota de hockey.

En muchas naciones del mundo, este deporte es conocido como hockey.

EXPLOREMOS LAS MATEMÁTICAS

En un partido de hockey sobre césped, hay dos tiempos de 35 minutos cada uno. También hay un descanso de 10 minutos en el entretiempo.

a. Si un partido de hockey de césped entre China y Australia comenzó a las 3:10 p. m., ¿a qué hora terminaría?

b. Describe cómo resolviste este problema.

La tecnología ha cambiado el hockey sobre césped. En la actualidad, se juega sobre césped **artificial**. Esta superficie se usó por primera vez en los Juegos Olímpicos de Montreal, Canadá, de 1976. Los campos de césped artificial son parejos y la pelota de hockey puede rodar mucho más rápido.

En todo el mundo, hombres y mujeres juegan hockey sobre césped en césped artificial.

Un juego antiguo

El hockey sobre césped es uno de los juegos con pelota y palo más antiguos del mundo. Los registros muestran que una forma del juego se jugaba en Persia (ahora Irán) en el 2000 a. C.

Cronometraje

En la pista

En 1896, las personas usaron cronómetros para registrar los tiempos de los atletas en las pistas. Los cronómetros aún se usaban en los Juegos Olímpicos de Los Ángeles de 1932. Muchas personas diferentes tomaban el tiempo de las pruebas en la pista "a mano" para calcular los tiempos de llegada.

Controladores de tiempo anotan los resultados de una carrera en los juegos de 1932.

La tecnología ha cambiado la forma de tomar el tiempo en las pruebas en las pistas olímpicas. Ahora, se emplean computadoras. Hay un rayo láser en la línea de llegada de las pistas de carreras. Cuando los atletas cruzan la línea, bloquean el rayo. Esto envía señales a las computadoras. Las computadoras registran los tiempos.

Atletas cruzan la línea de llegada en una carrera en los juegos del 2008.

EXPLOREMOS LAS MATEMÁTICAS

Quieres mirar el maratón femenino en la televisión. La carrera comienza a las 6:45 p. m. El mejor tiempo es de 2 horas, 26 minutos y 20 segundos. Debes irte a dormir a las 9:00 p. m. ¿Podrás ver el final de la carrera?

6:45 p. m.

Natación y ciclismo

Las bicicletas olímpicas tienen **transmisores** en las ruedas delanteras. Los transmisores registran los tiempos. Los tiempos se envían a las computadoras. También hay cámaras instaladas en la línea de llegada. Las cámaras toman fotografías del final de la carrera.

Los bloques de salida olímpicos tienen **sensores**. Registran cuando un nadador se lanza al agua desde el bloque. Las piscinas olímpicas tienen paneles táctiles sobre las paredes. Registran cuándo un nadador toca la pared al final de una carrera.

Nadadores tocan la pared al final de una carrera

EXPLOREMOS LAS MATEMÁTICAS

En Atenas en el 2004, el mejor tiempo para la carrera de natación de 1,500 metros estilo libre fue de 14 minutos y 43 segundos. ¿Cuál fue el tiempo de llegada de la carrera si el tiempo de salida fue a las 8:55 a. m.?

8:55 a. m.

La tecnología deportiva es muy importante. Parece que no hay ningún deporte que la tecnología no pueda mejorar. Por medio de la tecnología deportiva y el trabajo arduo, los atletas olímpicos pueden dar lo mejor de sí mismos.

El nadador superestrella Michael Phelps nadó en 8 pruebas y ganó 8 medallas de oro en los Juegos Olímpicos de Pekín.

Línea cronológica olímpica

776 a. C.	• Los Juegos Olímpicos se realizaron por primera vez en la Grecia antigua.
1896	• Los primeros Juegos Olímpicos modernos se realizaron en Grecia. • Alfréd Hajos de Hungría gana en natación la final de 100 metros con un tiempo de 1 minuto y 22 segundos. • Paul Masson de Francia gana en ciclismo la carrera de velocidad de 2,000 metros con un tiempo de 4 minutos y 58 segundos. • Tom Burke de EE. UU. gana la final de la carrera de velocidad de 100 metros con un tiempo de 12.0 segundos.
1936	• Jesse Owens de EE. UU. gana la final de la carrera de velocidad de 100 metros con un tiempo de 10.3 segundos.
1948	• Owen Guinn Smith de EE. UU. gana en salto con pértiga masculino con un salto de 4.3 metros.
1968	• Se usa por primera vez la pista de tartán.

1976	• El hockey sobre césped se juega sobre césped artificial por primera vez.
1988	• Florence Griffith Joyner de EE. UU. gana la final de la carrera de velocidad de 100 metros femenina con un tiempo récord olímpico de 10.62 segundos.
1992	• Chris Boardman de Gran Bretaña maneja su "superbicicleta" en Barcelona.
2000	• Cathy Freeman, una aborigen australiana, gana la final de atletismo femenina de 400 metros.
2008	• Michael Phelps, nadador estadounidense, gana un récord de 8 medallas de oro en 1 Juego Olímpico. • Usain Bolt de Jamaica gana la final de la carrera de velocidad de 100 metros masculina con un tiempo récord mundial y olímpico de 9.69 segundos. • Yelena Isinbaeva de Rusia gana en salto con pértiga femenino y conserva el récord mundial y olímpico con un salto de 5.05 metros.

Mirar la competencia de natación

Los Juegos Olímpicos son un evento muy popular para los espectadores. Jacinta tiene boletos para una prueba de natación, pero necesita saber a qué hora debe salir de la casa para no perderse ninguna de las carreras. La prueba comenzará a las 10:00 a. m.

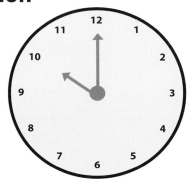

10:00 a. m.

Jacinta irá en transporte público. Caminará hasta la parada del autobús, tomará un autobús hasta la estación de trenes, tomará un tren hasta la estación olímpica y caminará desde la estación hasta las instalaciones donde se desarrolla la prueba de natación.

- La caminata desde la casa hasta la parada del autobús dura 9 minutos.
- El viaje en autobús dura 35 minutos.
- Llega a la estación 6 minutos más temprano.
- Jacinta toma el tren de las 8:55 a. m.
- El viaje en tren dura 45 minutos.
- Le toma a Jacinta 20 minutos caminar desde la estación olímpica hasta las instalaciones y encontrar su asiento.

¡Resuélvelo!

¿A qué hora debe salir Jacinta de la casa? Usa estos pasos como ayuda para calcular tu respuesta.

Paso 1: Escribe la hora a la que comienza la prueba para que Jacinta sepa a qué hora deberá estar en su asiento.

Paso 2: Resta la cantidad de minutos que le tomará caminar desde la estación olímpica hasta las instalaciones del evento.

Paso 3: Resta el tiempo que dura el viaje en tren, luego el tiempo de espera en la estación, después el tiempo del viaje en autobús y finalmente el tiempo que le toma caminar hasta la parada del autobús.

Glosario

acero: un tipo de metal

artificial: falso, no real

bambú: un tipo de madera flexible y liviana, pero fuerte

cenizas: carbón parcialmente quemado

crestas: salientes

equipamiento: elementos que se necesitan en un deporte

estrategia: un método

fibra de carbono: hilos de carbono que forman un material liviano y fuerte, pero flexible

fibra de vidrio: hilos finos de vidrio tejido para formar una material liviano y fuerte, pero flexible

instalaciones: lugares en donde se realizan los eventos

lema: un dicho

sensores: dispositivos que registran el movimiento

tecnología: sistemas y equipamiento que ayudan a que algo funcione mejor

telas: material o tejido

transmisores: dispositivos que envían y reciben señales

Índice

Exploremos las matemáticas

Página 5:
a. Las respuestas variarán.
b. Las respuestas variarán.

Página 6:
Pruebas durante la mañana: 5:20 +
3 horas = 8:20 + 30 minutos = 8:50 a. m.

Pruebas durante la tarde: 3:40 +
2 horas = 5:40 + 15 minutos = 5:55 p. m.

Página 11:
a. Tiempo de llegada: 2:50 + 4 minutos
= 2:54 + 58 segundos = 2:54 p. m. y
58 segundos o 2:54:58 p. m.
b. Las respuestas variarán.

Página 15:
a. 2 horas, 9 minutos y 5 segundos
b. El medallista de bronce cruzó la
línea a las 3:11 p. m. y 21 segundos
o 3:11:21 p. m.

Página 17:
a. La competencia comenzó a las
2:25 p. m.
b. Las respuestas variarán.

Página 20:
a. 35 minutos + 35 minutos
+ 10 minutos = 80 minutos
= 1 hora y 20 minutos
3:10 p. m. + 1 hora = 4:10 p. m.
+ 20 minutos = 4:30 p. m.

El juego terminará a las 4:30 p. m.

b. Las respuestas variarán.

Página 23:
6:45 p. m. + 2 horas = 8:45 p. m. +
26 minutos = 9:11 p. m. + 20 segundos
= 9:11 p. m. y 20 segundos o 9:11:20 p. m.

No podrías haber visto toda la carrera.

Página 24:
8:55 a. m. + 5 minutos = 9:00 a. m.
+ 9 minutos = 9:09 a. m. + 43 segundos =
9:09 a. m. y 43 segundos o 9:09:43 a. m.

Actividad de resolución de problemas

Paso 1: La prueba comienza a las 10:00 a. m.

Paso 2: 10:00 – 20 minutos (caminata desde la estación a las instalaciones del
evento) = 9:40 a. m.

Paso 3: 9:40 – 45 minutos (viaje en tren) = 8:55 a. m.

8:55 – 6 minutos (tiempo de espera en la estación de tren) = 8:49 a. m.

8:49 – 35 minutos (viaje en autobús) = 8:14 a. m.

8:14 – 9 minutos (caminata desde su casa al autobús) = 8:05 a. m.

Jacinta tiene que salir de su casa a las 8:05 a. m.